Société d'Émulation du Bourbonnais

Quelques Ex-Libris

Intéressant le Bourbonnais

MOULINS

IMPRIMERIE ETIENNE AUCLAIRE

—

1911

Quelques Ex-Libris

intéressant le Bourbonnais

Tout le monde sait ce qu'il faut entendre par *ex-libris*. Etiquettes, petites gravures ou vignettes, nombreux sont les collectionneurs qui raffolent des *ex-libris* soit qu'ils portent un simple nom de propriétaire, un monogramme, une devise, soit qu'ils s'ornent de gracieux emblèmes ou de blasons finement gravés.

De ce goût éclairé et artistique de nos contemporains est née l'idée de donner, au fur et à mesure des possibilités, un certain nombre d'*ex-libris* intéressant le Bourbonnais.

Nous commencerons ce petit recueil en donnant un fac-simile de l'*ex-libris* de Jean Gaudon. C'est, à notre connaissance, le doyen des *ex-libris* bourbonnais et c'est M. Marc Dénier qui le présentera aux lecteurs, car cette publication, faite au hasard des recherches et des trouvailles, sera due à la collaboration de tous ceux de chez nous qui voudront bien s'y intéresser.

Puis, grâce à une aimable communication de M. le baron du Roure de Paulin et de la *Société française des collectionneurs d'ex-libris*, nous reproduirons un *ex-libris* des Montmorin. Enfin, M. du Roure de Paulin nous dira le pour et le contre au sujet d'un *ex-libris* attribué aux Chabannes. Le lecteur verra si, comme le signataire de ce court préambule, il doit juger fausse cette attribution.

Philippe TIERSONNIER.

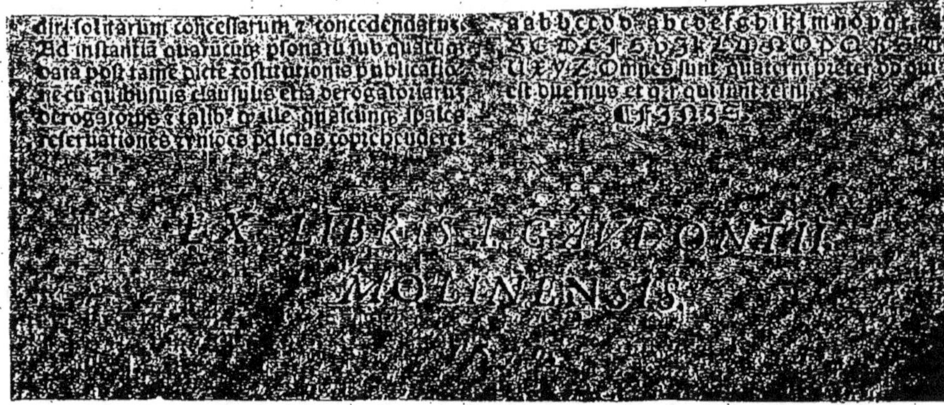

L'*ex-libris* typographique que nous donnons ci-dessus est la marque
la plus ancienne que nous ayons rencontrée en Bourbonnais. Il nous
a été donné d'en voir plusieurs exemplaires et nous avons même la
bonne fortune d'en posséder un dans notre collection. Elle a comme
particularité d'être imprimée sur le livre lui-même, à la fin, au lieu
d'être imprimée sur un rectangle de papier collé par le propriétaire
du volume à l'intérieur d'un des plats de la reliure.

C'est la marque de propriété de *Jean Gaudon*, seigneur de Souys,
Foulet et Avrilly, conseiller du Roi, lieutenant général au domaine
de Bourbonnais, époux de Marguerite de Villaines. Le 15 mai 1587,
il fut chargé de faire une enquête relativement à la relique de la
sainte Epine de la collégiale, qui avait été volée en 1550 et qu'on
venait de retrouver dans le trésor de la fabrique d'Iseure.

Son fils, Nicolas Gaudon, seigneur de Foulet et autres lieux, fut
trésorier de France au bureau des finances de Moulins en 1607.

M. D.

Cet *ex-libris* n'est pas bourbonnais, mais rentre à juste titre dans la catégorie de ceux qui, grâce à leur type héraldique, sont fort intéressants pour notre province.

Nos lecteurs n'ignorent pas la grande situation tenue en Bourbonnais aux XVIᵉ et XVIIᵉ siècles par les Montmorin. S'il en était besoin, ils pourraient se reporter à ce sujet aux comptes rendus des excursions archéologiques de la Société d'Emulation (1908-1909) dans la région de Gannat, à Langlard et Jenzat, puis, aux environs de Souvigny, à Montaret.

T.

J. B. Fᵃ de Montmorin (1704-1793) marquis de Sᵗ Hérem.
Gouverneur de Fontainebleau, membre de la Société Littéraire
de Clermont-Ferrand.
De Gueules, au lion grimpant, l'écu semé de molettes d'éperons

Dans le numéro d'août 1903 des *Archives de la Société française des Collectionneurs d'ex-libris et de reliures artistiques*, M. Ambroise Tardieu publia la pièce que nous reproduisons ci-dessus avec la note suivante : « Grand ex-libris anonyme avec les armes de Chabannes : *de gueules, au lion d'hermines*, ledit écu entouré du collier de l'ordre de Saint-Lazare avec la croix pendant. Ecu timbré d'un tortil de baron, sommé d'un casque grillé, de face, entouré de riches lambrequins. Tenants : deux hercules vêtus d'une peau de lion et tenant une massue. Gravure sur cuivre signée J. Regnault. Hauteur 185^{mm} ; largeur 148^{mm}. C'est l'ex-libris de Thomas de Chabannes, baron de Pionsat, fait chevalier de Saint-Lazare le 26 août 1722 (mort en 1735). Collection de M. de Vismes, très rare ex-libris. » (Pages 114, planche II, p. 115.)

Peu après cette publication, différents collectionneurs, entre autres M. A. de Remacle, dont la compétence sur les ex-libris auvergnats et normands est indiscutable, éleva des doutes sur l'attribution de cette pièce. Selon lui il fallait la restituer à Luc-François du Chemin, seigneur de la Tour, Balaye, La Vaucelle, né le 22 janvier 1684, maire de Saint-Lô en 1702, colonel des milices en 1704, lieutenant-général d'épée en 1708, chevalier de l'ordre de Saint-Lazare le 27 février 1707 et de l'ordre de Saint-Michel le 17 janvier 1720. Ce personnage, très connu des collectionneurs, possède déjà six autres ex-libris.

L'argumentation de M. de Remacle persuada pas mal de collectionneurs, et en 1907 quand M. Léon Quantin publia son bel ouvrage sur les *Ex-libris héraldiques anonymes*, il n'hésita pas (page 45) à attribuer cette pièce aux du Chemin.

La chose en était là quand M. Billot de Goldlin, descendant de la famille du Chemin, en mai 1909, publia dans les *Archives de la Société française des Collectionneurs d'ex-libris* une intéressante étude sur les ex-libris du Chemin de la Tour. Voici comment il s'exprime à ce sujet : « Si d'après nos renseignements cette pièce se rencontre quelquefois en Normandie et jamais en Auvergne, ni en Bourbonnais, si d'autre part il est constaté que le graveur de ce grand dessin, J. Regnault, est de Normandie, nous devrions revendiquer cette gravure comme appartenant à la famille du Chemin. Cependant, avec tout le respect que l'on doit à ceux qui nous ont précédés, je puis dire que les hommes sauvages (ce sont des hercules), tenants de l'écu au lion, me paraissent plus étranges encore que la couronne ducale (1). D'autre part, comment expliquer le tortil de baron, si Luc du Chemin affectionnait la couronne de duc (que l'on voit sur cinq de ses ex-libris) ? Un point cependant ferait pencher la balance en faveur des du Chemin, ce serait *le lion sans couronne* propre à eux et ne convenant pas aux Chabannes... »

Etant données ces incertitudes, quand nous avons publié cette pièce dans notre article sur les *Tenants, supports et soutiens*, comme la

---

(1) Cinq ex-libris du Chemin *portent* la couronne ducale, quoique Luc-François ne fût pas titré.

question ex-libris nous importait moins et que nous la donnions seulement comme exemple de tenants hercules, nous n'avons pas voulu prendre de parti et nous nous sommes contenté de la désigner par ces mots : une pièce attribuée le plus généralement aux Chabannes.

Baron DU ROURE DE PAULIN,

Secrétaire de la Société des Collectionneurs d'Ex-libris.

Cet ex-libris anonyme est aux armes de la famille DU LIGONDÈS, qui porte : *d'azur semé de molettes d'éperon d'or, au lion de même brochant sur le tout.* Cette famille tire son origine et son nom de la terre du Ligondès, située à la limite du Bourbonnais, de la Combraille et de l'Auvergne.

Largement possessionnés dans notre province, les membres de cette maison furent seigneurs du Ligondès (paroisse de Saint-Marcel-en-Marcillat), du Peyroux, d'Avrilly, de Rochefort, de Bègues, du Chezeau, de Vieillevigne, de Châteaubodeau, etc... Nous ne savons quel fut le possesseur de cet ex-libris dont l'original provient de la collection de M. René Chabot.

M. D.

Cet ex-libris est aux armes des SALVERT-MONTROGNON, qui portent : *d'azur à la croix ancrée d'argent*. Cette vieille famille, originaire d'Auvergne et qui intéresse le Bourbonnais par les nombreuses alliances qu'elle prit dans notre province et les terres qu'elle y posséda, tire son nom du fief de Montrognon (Puy-de-Dôme), qu'elle détient dès l'année 1094. Robert de Montrognon, prieur de Montferrand, fut inhumé en 1276 en l'église de ce lieu ; avant que cette église fût détruite, on pouvait y lire l'épitaphe ainsi conçue : « *Anno domini 1276 quinto nonas Martii, frater Robertus de Monte-Rugoso qui fuit prior domus hospitalis Ierosolimitani in provincia Arverniae, obiit, cujus anima requiescat in pace.* » Au-dessous étaient gravées ses armes avec pour cimier un gerfaut essoré. Jean de Montrognon, qui vivait en 1350, épousa Catherine de Salvert, dame de Salvert. Sa postérité adopta le nom de Salvert-Montrognon et forma les nombreuses branches maintenues dans leur noblesse en Auvergne et en Bourbonnais en 1666-1668.

(Collection M. Dénier.)

M. D.

La maison de Bonnay semble être originaire du Nivernais, mais elle a possédé des terres importantes et nombreuses dans notre province sur les châtellenies de Belleperche, de Moulins, de Chaveroche, d'Ainay-le-Château. Elle fut admise aux honneurs de la cour sur preuves faites en avril 1783 par-devant Chérin.

Seigneurs de Précy, de Demoret, du Bessay, marquis de Bonnay, pairs de France, les Bonnay portent : *d'azur au chef d'or, au lion de gueules couronné de même, brochant sur le tout.* L'écu a pour support deux griffons. Ils ont pour devise : *Oncques ne dévie.*

(Collection René Chabot.)

M. D.

Si le fatal vouloir de mon Dieu sera tel,
J'espere qu'en despit de tout effort contraire,
Apres ces biens mortelz, i'obtiendray l'immortel,
Puis qu'vn ARDENTE FOY me rechauffe, & m'esclaire.

ANTOINE D'VRFE', Euesque de S. Flour, & Abbé
de la Chaze-Dieu, finissant le troisiesme septenaire
de son âge, l'an 1592. au mois de May.

Antoine d'URFÉ, né en 1571, de Jacques, seigneur d'Urfé et de
Renée de Savoie-Tende, n'est pas d'origine bourbonnaise, mais nous
pensons qu'il nous est permis d'emprunter au Forez cet ex-libris qui
peut trouver sa place ici, puisque son possesseur est le petit-fils de
Marie de Chabannes-la-Palisse et qu'une de ses sœurs fut abbesse de
Cusset.

Antoine d'Urfé fit ses études au collège de Tournon, se voua à l'état
ecclésiastique, fit profession dans l'abbaye de la Chaise-Dieu, devint
prieur de Montverdun, puis abbé de la Chaise-Dieu. En mars 1593,
les habitants de Saint-Flour le choisirent pour évêque, mais il ne put
jouir de cette charge ; forcé d'abandonner la ville lorsqu'elle tomba
au pouvoir des royalistes, il se réfugia en Forez et fut tué d'un coup
d'arquebuse le 1er octobre 1594, près de Villeret en Roannais. Il ne
justifia que trop la fatale réticence qui se trouvait dans sa noble devise : *Spes si fata volent.* Il fut inhumé en la chapelle des Cordeliers
à la Bâtie.

L'anagramme d'*Antoine d'Urfé* se lit dans les trois mots en capi-
tales du quatrain placé sous ses armes : *de vair au chef de.....*
(l'émail du *chef,* qui n'est pas indiqué et qu'on retrouve dans les armoiries des autres membres de sa famille, est de *gueules*).

(Collection M. Dénier. Original 14 × 12.)   M. D.

Bibliothèque de M. le Vᵗᵉ de Bourbon Busset Premier
Gentilhomme de la Chambre, en survivance, de Mᵍʳ Comte
d'Artois Colonel Lieutenant Commandant le Régiment
d'Artois Cavalerie, Elû Général des Etats de Bourgogne, année 1788

Cet ex-libris a appartenu à Louis-Antoine-Paul de Bourbon Vᵗᵉ de
Busset dont les titres et qualités sont indiqués au-dessous même des
armoiries reproduites ci-dessus. Ce personnage était le quatrième fils
de François-Louis-Antoine de Bourbon Cᵗᵉ de Busset et de Châlus,
baron de Vesigneux, lieutenant général des armées du Roi, et de
Magdeleine-Louise-Jeanne de Clermont-Tonnerre, sa première femme.
Né au château de Busset, le 10 juin 1753, il reçut les cérémonies du
baptême en l'église Saint-Sulpice de Paris, le 3 juin 1762, et mourut
au château de Lignières le 9 février 1802. Marié le 8 octobre 1796 à
Marguerite-Louise-Charlotte-Joséphine de Lordat (fille de Marie-
Paul-Jacques, marquis de Lordat, baron de Bram, et d'Antoinette-
Marie-Françoise de Biolières de Chassincourt-Tilly), il en eut deux
enfants, qui, de par leur mère, se trouvèrent possesseurs d'importantes propriétés en Bourbonnais.

On rencontre souvent l'ex-libris ci-contre recouvert d'une étiquette assez banale, datant de la Révolution, que nous donnons aussi. Cela tient à ce que le Vte de Bourbon-Busset, retenu en France par l'apurement des comptes de l'assemblée provinciale de Bourgogne, dont il avait la

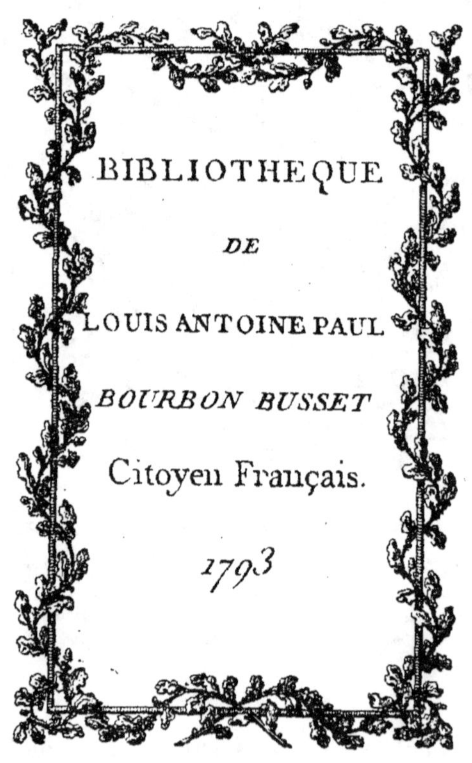

responsabilité, fut contraint de se plier aux lois révolutionnaires et, pour conserver ses livres, voire sa vie, de dissimuler sous une démocratique étiquette le gracieux ex-libris armorié de l'ancien régime. Comme les précédents, ces deux clichés nous ont été gracieusement communiqués par la *Société française des collectionneurs d'ex-libris.*

Philippe TIERSONNIER.

Le possesseur de cet ex-libris est Charles [ROUSSEL] DE TILLY, chevalier, seigneur de Bost et Tilly, mestre de camp et maréchal des
logis de.toute la cavalerie française et étrangère. Les Roussel portent : *d'azur, au sautoir d'or, accompagné en chef d'une étoile d'argent,
et en pointe d'une rose du deuxième émail* (Armorial de la Généralité
de Moulins, nº 157). Ils devinrent possesseurs des fiefs de Bost et Tilly
par l'alliance de Rémy Roussel et de Marie-Elisabeth Delaunay, fille
de Jean Delaunay, sieur de Bost, lieutenant des chasses.

Les membres de cette famille ajoutèrent à leurs armes, au XVIIIᵉ siècle, diverses écartelures.

L'ex-libris ci-dessus est au 1, de Roussel ; au 2, *d'argent au lion de
sable, au chef de même chargé de trois coquilles d'or* ; au 3, *d'argent à
la fasce de gueules chargée de trois croisettes du champ* ; au 4, *de sable
à trois épées d'argent, appointées en pile vers la pointe de l'écu* ; et sur
le tout, *d'argent au lion de gueules couronné d'or.*

L'écu, soutenu par deux coqs, est timbré d'une couronne de duc.

(Collection M. Dénier.)

M. D.

L'ex-libris ci-dessus est aux armes des DU BREUIL, seigneurs en Bourbonnais : de la Brosse, de la Vault-Sainte-Anne, de Chauvière, du Theil, des Places et de la Trémouille. Il semble que son possesseur fut Etienne DU BREUIL, né le 6 avril 1683, fils d'autre Etienne et de Gabrielle du Breuil.

Lieutenant au régiment de Ruffec-cavalerie, capitaine le 18 mars 1720, chevalier de Saint-Louis en 1732, il mourut à Strasbourg le 13 avril 1743. Il donna aveu et dénombrement en la Chambre des Domaines du Bourbonnais, pour sa terre de la Brosse, le 26 novembre 1736.

Il avait épousé par contrat reçu Cavy, notaire à Escurolles, le 6 octobre 1722, Marie-Elisabeth de Montrognon-Salvert, dame des Places, fille de Gilbert-Marien, écuyer seigneur de Fourange, et de Charlotte Martin.

Les du Breuil portent : *d'azur à une ancre d'argent, au chef cousu de gueules, chargé de trois étoiles d'or.*

(Collection René Chabot.)

(Cliché de la *Société des Collectionneurs d'ex-libris.*)

M. D.

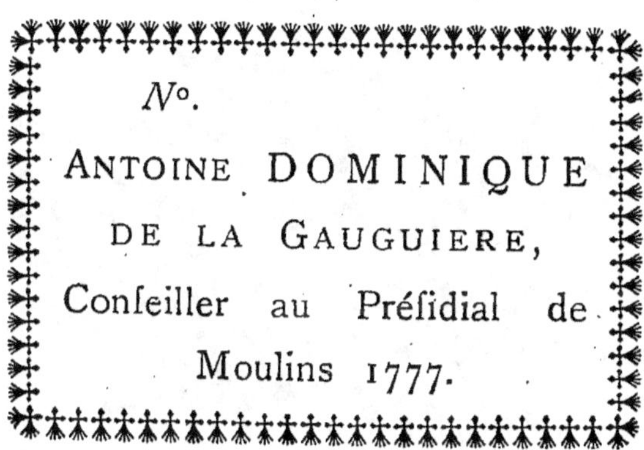

Cet ex-libris typographique est celui d'Antoine DOMINIQUE DE LA GAUGUIÈRE, s' de la Gauguière et Beaurosier, conseiller et procureur du roi au présidial de Moulins et sénéchaussée de Bourbonnais, pourvu de cette charge le 25 mai 1774, en remplacement d'Etienne-Yves Barbara de Boncourt. Son ancêtre, Pierre Dominique, avocat en parlement, fut compris à l'Armorial général et y reçut d'office le blason suivant : *D'argent à un taureau de gueules passant sur une terrasse de sinople, au chef dentelé de sable, chargé de trois besants partis d'or et d'azur.* (Registre de Moulins, I. n° 346). On trouve de nombreux membres de cette famille dans les registres paroissiaux de Verneuil.

(Collection M. Dénier.)

M. D.

Deux écussons accolés : le premier, *de vair plein*, qui est Vichy, le second, *aux 1 et 4 de sable, à la croix d'or, aux 2 et 3 d'or, au dauphin d'azur*, qui est d'Albon.

Ex-libris de Gaspard DE VICHY, comte de Champrond, né en 1699, de Gaspard de Vichy, seigneur de Montceaux, capitaine-lieutenant des gendarmes du Berry, et d'Anne Brulard, fille de Nicolas Brulard, marquis de la Borde, premier président au parlement de Bourgogne.

Ce rejeton du seigneur de Montceaux suivit la carrière des armes. Mestre de camp d'une brigade du régiment royal des carabiniers, puis brigadier de cavalerie, il devint maréchal de camp le 20 février 1743.

Il avait épousé Marie-Diane-Camille d'Albon de Saint-Marcel, fille de Claude, comte d'Albon de Galles, prince d'Yvetot. Il mourut à Ligny, le 17 juin 1781.

(Collection Louis Grégoire.)

Roger DE QUIRIELLE.

Deux écussons accolés : le premier, *de vair*, qui est Vichy, le second, *d'argent à la croix de gueules*, qui est Saint-George.

Ex-libris d'Abel-Claude-Marie, marquis DE VICHY-CHAMPROND, seigneur de Montceaux. Né le 8 octobre 1740, il était fils de Gaspard de Vichy, comte de Champrond, dont l'article précède. Le 26 novembre 1764, il épousa Claude-Marie-Joseph de Saint-George, fille de Claude-Marie, comte de Saint-George, seigneur d'Etiengue, et de Marie-Cécile d'Amanzé. A la date de son mariage, il était guidon des gendarmes de Berry.

Le marquis de Vichy survécut à sa femme qui était morte avant 1777. Cette année-là, en effet, fut achevé un superbe mausolée, que ce seigneur avait fait élever en mémoire de la défunte dans l'église de Montceaux, lieu de sépulture des Vichy. La Révolution n'a pas laissé trace du monument (1).

(Collection M. Dénier.)

Roger DE QUIRIELLE.

(1) La famille de Vichy est représentée, aujourd'hui, par Louis-Abel, marquis de Vichy, né à Marcigny, le 3 février 1848, marié, en 1879, à Madeleine Simon de Quirielle, fille de Jean-Marie-François-Xavier Simon de Quirielle, et de Jeanne-Marie-Constance Richard de Soultrait, et par Georges, comte de Vichy, né à Marcigny le 7 août 1849.

Claude-Gabriel DOUHET DE VICHY, chevalier, seigneur de la Boulaye, Vichy, Saint-Germain-des-Fossés (en partie), la Salle de Vieure, conseiller au Parlement de Paris, naquit à Vichy, le 26 juin 1712, de Claude-Gabriel, écuyer, demeurant à Lyon, et de Marie Mermier.

Il fut l'un des parlementaires exilés à Bourges par ordre du Roi du 8 mai 1754 et il y resta jusqu'en août de la même année. Il testa à Paris le 1er février 1787, étant alors conseiller honoraire, et légua par son testament 2.000 livres aux pauvres nés sur sa terre de la Salle de Vieure.

Il avait épousé, vers 1730, Camille Lepescheux dont il eut trois enfants.

Sa famille portait dans l'*Armorial Général* les armes suivantes : *d'azur au chevron accompagné de 3 couronnes, celle de la pointe surmontée d'une étoile, le tout d'or.*

Lorsqu'il parvint à la noblesse par sa charge de conseiller au Parlement de Paris, il changea ses armes qui devinrent celles de l'ex-libris ci-dessus : *d'argent à l'aigle de sable.*

(Collection de M. Dénier.)

M. D.

Cet ex-libris : *d'azur à la fasce d'argent, accompagnée de trois bustes de pucelles de carnation, chevelés d'or et posés de front*, est aux armes des Le Gendre, de Saint-Aubin-sur-Loire, seigneurs en Bourbonnais : de Saligny (Bagneux), Saint-Martin des-Lais, l'Epine, les Noix, la Brosse-Raquin, la Forêt, Liernolles, etc...

Gilbert-Charles LE GENDRE, chevalier, marquis de Saint-Aubin, baron de la Forêt, conseiller du roi, maître des requêtes ordinaire de son hôtel, naquit à Paris le 9 avril 1688 de Charles et de Marguerite Vialet. Il a laissé différents ouvrages qui lui ont donné une certaine réputation, parmi lesquels nous citerons une étude généalogique intitulée : *Des antiquités de la Maison de France et des Maisons mérovingienne et carlienne et de la diversité des opinions sur les Maisons d'Autriche, de Lorraine, de Savoie, etc.*

En 1718, il obtint l'érection en marquisat de sa terre de Saint-Aubin et, à cette occasion, il fit frapper un jeton à ses armes, signalé par M. le comte de Soultrait dans son *Essai sur la numismatique bourbonnaise*. Quelques années plus tard, en 1736, ses biens furent saisis et leur vente poursuivie en justice. G.-Charles Le Gendre mourut sans alliance le 8 mai 1746.

(Collection Xavier de Chavagnac.)

M. D.

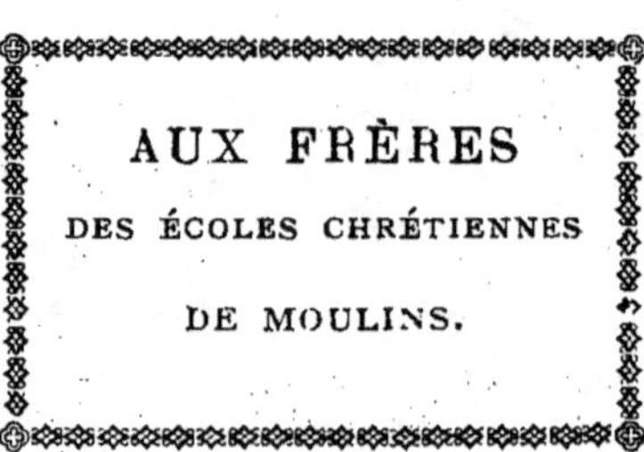

Les Frères des écoles chrétiennes, sur la demande de l'abbé Louis Aubery, s'établirent en 1710, à Moulins, dans l'ancien grenier à sel situé entre la rue de la Courroirie et le cours d'Aquin ; vers 1759, ils ouvrirent une seconde école dans une maison située près le pont des Canes, au-dessous des tanneries, qui subsista jusqu'en 1786.

En 1785, la ville donna aux Frères un logement dans l'ancien couvent des Sœurs de la Croix, situé à l'emplacement du marché couvert actuel ; ils y installèrent leurs écoles. Dès 1791, ils furent requis de prêter le serment et refusèrent, ils furent laissés en paix jusqu'au mois de février 1792. A cette époque, ils furent remplacés par quatre instituteurs laïques et reçurent l'ordre de se disperser. Sous la Restauration, des démarches furent faites en 1817 pour leur rappel, mais ce ne fut qu'en 1821 que le conseil municipal mit à la disposition des Frères une maison entre la rue des Cameaux et la rue Saint-Jacques et porta au budget de la ville une somme de 1.800 francs pour le traitement de trois Frères. Cette situation dura jusqu'en 1879 ; à cette époque, l'école fut laïcisée. Un comité s'étant formé pour l'établissement et l'entretien d'une école libre, les Frères s'installèrent en 1879 rue de Bourgogne, puis en 1883 rue de l'Oiseau.

(Collection M. Dénier.)

M. D.

Ebreuil, chef-lieu de canton de l'arrondissement de Gannat, dépendait autrefois de l'Auvergne ; son monastère créé au xe siècle, érigé en abbaye en 1080, fut en 1765 transformé en hospice. Sur l'initiative de Juste Vialard, provincial et vicaire général de l'ordre de la Charité, l'hôpital succéda à l'abbaye de Saint-Léger, par un brevet donné par le roi à Compiègne, en juillet de cette même année.

La direction de cet établissement fut confiée aux religieux de Saint-Jean de Dieu, ordre qui dirigeait déjà l'hôpital de Moulins depuis 1620 et celui de Gayette depuis 1694. La nouvelle communauté composée de quatre membres vint s'installer à Ebreuil en 1766.

L'hôpital fut placé sous le vocable de saint Juste, qui figure dans ses armoiries.

(Collection X. de Chavagnac.)   M. D.

Michel-Henry FERRAND, écuyer, seigneur de Fontorte (paroisse de Monteignet), fils de Michel-Amable et de Jeanne-Antoinette de Rehez de Sampigny, naquit en 1753 et fut baptisé à Riom le 24 janvier de la même année.

Officier au régiment Royal-Navarre cavalerie, il fut convoqué en 1789 à l'assemblée de la noblesse de Riom. Il avait épousé à Saint-Saturnin-les-Montagnes, le 17 janvier 1785, Françoise-Catherine d'Anglars, fille de Barthélemy, chevalier, seigneur de Saint-Saturnin et de Jeanne Neyron.

Répandue au XVIᵉ siècle dans la région de Gannat, installée à Fontorte de 1642 à 1883, cette famille posséda en outre en Bourbonnais : les Écossais et Champagnat (paroisse de Bresnay), la Garenne (paroisse de Monteignet) et, en Auvergne, la Tour-Saint-Vidal.

Les Ferrand portent : *Écartelé aux 1 et 4 d'or, au lion de sable, aux 2 et 3 d'azur à trois coquilles d'or.*

Comme le vicomte de Bourbon-Busset, auquel nous avons consacré une précédente notice, Michel-Henry Ferrand, quand vint la Révolution, eut soin de recouvrir son ex-libris par la vignette moins héraldique et moins compromettante que nous donnons ci-dessous.

Son petit-fils, Alphonse Gilbert, né en 1830, époux d'Alice de Frétat, vendit Fontorte, en 1883, au baron du Peyroux et mourut à Cellule (Puy-de-Dôme), le 1ᵉʳ mai 1893, sans postérité mâle.

(Collection de Mlle Léonie Duchet.)

M. D.

Ce n'est pas à proprement parler un ex-libris bourbonnais que nous reproduisons ci-dessus, car son possesseur, Louis DE CHAUMEJEAN, marquis de Fourille, habitait la Touraine ; mais la famille de Chaumejean est originaire de notre province où nous la rencontrons au XVe siècle en possession des fiefs de Chaumejean, Givry et Fourille. La terre de Fourille en Bourbonnais fut érigée en marquisat en 1610 pour Blaise de Chaumejean, capitaine d'une compagnie du régiment des gardes ; son fils Michel ayant commandé pour le service du roi dans les provinces de Touraine s'y fixa. Il mourut à Paris en 1644 ; sa postérité continua à résider en Touraine. En 1662, le marquis de Fourille ayant été obligé de vendre son fief du Bourbonnais, le roi érigea en sa faveur en marquisat de Fourille la baronnie d'Auvrigny-la-Touche (Indre-et-Loire).

Dans l'armorial de Guillaume Revel, Colas de Chaumejehan porte : *d'argent à la croix ancrée de sable, chargée en cœur d'une coquille du champ ;* devenus marquis de Fourille, les Chaumejean portèrent : *d'or à la croix ancrée de gueules.*

(Collection M. Dénier.)   M. D.

Annet-Frédéric-Henry-René DE CHAVAGNAC, né le 11 novembre 1738 à Blesle (Haute-Loire), était fils de Gilles-Henri-Louis Clair, marquis de Chavagnac, et d'Anne-Angélique de Froullay de Tessé.

D'une famille originaire d'Auvergne, il épousa le 7 octobre 1761 Marie-Anne des Escotais de Chantilly, fille de Michel Rolland, comte des Escotais, et d'Anne-Geneviève Pineau de Viennay ; il mourut avant 1785.

Nous donnons cet ex-libris, parce qu'au XIXe siècle il a été reproduit pour un des membres de cette famille dont une branche est devenue bourbonnaise.

Les Chavagnac portent : *de sable à trois fasces d'argent surmontées de trois quintefeuilles de même en chef.*

Dans l'Armorial de Guillaume Revel, ils portent : *de sable à deux fasces d'argent abaissées sous trois roses rangées d'or.*

(Collection M. Dénier.)

M. D.

Gilbert-Pierre-Alexandre DE CHAVAGNAC était fils de Gilbert-René, chevalier de Saint-Louis, capitaine de vaisseau à Rochefort, et de Françoise Harranger du Mesnil-Roland.

Capitaine de vaisseau et commandant du port de Cherbourg, chevalier de Saint-Louis, il épousa en premières noces, en 1773, Charlotte d'Orvilliers dont il n'eut pas de postérité et, en secondes noces, Jeanne-Rosalie du Drenec de Tredern, dont il eut trois enfants.

Son arrière grand-père Antoine-Henry, qui avait épousé en 1648 Diane Forget, devint seigneur de Bussoles en Bourbonnais par son second mariage vers 1683 avec Catherine des Gallois de la Tour.

(Collection X. de Chavagnac.)

M. D.

de la Bibliothèque
de J. A. G.
ROLLET D'AVAUX,
Ecuyer. Seigneur de
Belleaux, Gléné et Servilly,
premier Préfident
du Préfidial de Riom

Jacques-Amable-Gilbert ROLLET D'AVAUX, seigneur en Bourbonnais de Belleau, Gléné et Servilly, naquit en 1724 et fut baptisé à Riom, le 24 avril de la même année. Il était fils d'Amable Rollet d'Avaux, écuyer, seigneur d'Avaux et de Saint-Mayard, premier président au présidial d'Auvergne, et de Marie-Gilberte Vilhardin.

Le 21 mai 1758, il épousa demoiselle Adrienne-Françoise de Villaines, fille de Nicolas Pardoux, marquis de Villaines.

Premier président au présidial de Riom, il fut arrêté en 1794 sur la dénonciation du directoire du district de Cusset ; conduit à Paris, il comparut en compagnie de sa femme, le 23 floréal an II, devant le tribunal révolutionnaire. Tous deux furent condamnés à mort et exécutés.

Rollet d'Avaux portait : *d'azur au chevron d'or, accompagné de trois rochers d'argent, au chef de gueules chargé de trois étoiles d'or.*

(Collection René Chabot.)

M. D.

Cet ex-libris n'aurait rien de Bourbonnais si les descendants de ce bibliophile n'avaient eu l'ingénieuse idée de le rendre anonyme en supprimant la légende. C'est ainsi que François-Pierre Le Brun, écuyer, seigneur de Montchenin (paroisse de Toulon) en 1766, l'utilisa après d'autres. Officier au régiment de la Sarre, puis à celui de Béarn, et enfin conseiller au Conseil supérieur de Cayenne, il avait épousé en 1762, à Paris, Marie-Hélène-Angélique d'Hortu et mourut à Montchenin le 7 avril 1784.

Son petit-fils, M. Mayeul Chabot, se servit encore de cet ex-libris ; ce fut lui qui, sur le désir des derniers représentants de cette famille Le Brun, releva leurs armes, qu'il substitua à celles des Chabot, qui étaient : *d'argent à la fasce d'azur, accompagnée de trois grenades de gueules, tigées et feuillées de sinople.*

Les Le Brun, originaires de Paris, portaient : *de gueules à la fasce d'argent, accompagnée de trois ciboires (ou coupes couvertes) d'or.*

(Bibliothèque Chabot.)

R. Chabot.

Jean-Ferdinand-Gustave-Adrien DE CONNY, né à Moulins le 24 mai 1817, où il mourut le 24 décembre 1891, était fils de Jean-Louis-Eléonor dit Félix, vicomte de Conny, et d'Anne-Marguerite-Adrienne de la Toulle. Prélat romain, protonotaire apostolique, consulteur de la Sacrée Congrégation des rites, chanoine honoraire de l'église métropolitaine de Paris, doyen du chapitre de Moulins, auteur de nombreux ouvrages fort importants, entre autres d'un *Cérémonial romain*, il fit ses études ecclésiastiques à Saint-Sulpice, fut ordonné prêtre à Rome et reçu docteur en théologie. Revenu à Paris, il fut nommé par Mgr Affre, directeur des communautés de Paris et de l'Hôtel-Dieu, puis vicaire général et promoteur du diocèse de Paris. Il rentra ensuite à Moulins, y fonda la Maîtrise en 1852, fut nommé chanoine la même année et, peu après, reçut le titre de *Monsignor* à la suite d'une mission dont Mgr de Dreux-Brézé l'avait chargé auprès du Pape. Les Conny portent : *d'azur, au chevron d'or, accompagné de trois taus de même.*

(Collection M. Dénier.)

M. D.

Louis, baron LE LORGNE D'IDEVILLE, né en 1780, fut attaché fort jeune à la secrétairie des consuls, auditeur au Conseil d'Etat, il fit partie du cabinet de l'empereur et ne quitta son souverain que dans la cour de Fontainebleau. Il épousa en Auvergne, en 1820, Marie de Rehez de Sampigny d'Issoncourt, et vint habiter le Bourbonnais où il acheta la terre du Coude. Sous la monarchie de juillet, il fut maître des requêtes au Conseil d'Etat, puis conseiller général et député de l'Allier de 1837 à 1848. Après la révolution de 1848, il se retira dans ses terres du Coude où il mourut en 1852.

C'était un amateur de livres averti, il avait formé une bibliothèque assez riche contenant nombre de beaux spécimens d'ouvrages illustrés des XVIIe et XVIIIe siècles. Les Le Lorgne d'Ideville portent : *Parti au 1 échiqueté de gueules et d'or, au 2 d'or à trois vols de sable mis l'un sur l'autre en pal.*

(Cliché de la *Société des Collectionneurs d'ex-libris.*)

M. D.

Henry-Amédée LE LORGNE D'IDEVILLE naquit au château de Saul-
nat, commune de Cellule, le 16 juillet 1830, de Louis, député de l'Allier, et de Marie de Rehez de Sampigny. D'abord secrétaire d'ambas-
sade à Turin (1859-1862), puis à Rome et à Athènes et chargé d'affaires
à Dresde ; démissionnaire au 4 septembre 1870, il devint préfet d'Alger
sous le gouvernement de Mac-Mahon. Chevalier de la Légion d'honneur, grand-cordon du Nicham-Iftikar, chevalier de Pie IX et des

saints Maurice et Lazare, etc., il mourut à Paris le 14 juin 1887 et fut inhumé à Loddes. Il avait été créé comte romain le 23 novembre 1866. Homme de lettres, il a donné plusieurs volumes intéressants : *Le Journal d'un diplomate en Italie, Les Piémontais à Rome, Les châteaux de mon enfance, Les petits côtés de l'Histoire*, etc... Il avait épousé le 18 octobre 1862, à Pithiviers, Marie Chevannes, fille d'Alexis-Clément et de Louise-Coralie Hervé.

La famille Le Lorgne, originaire de Provins, ne devint bourbonnaise qu'au XIXe siècle par l'acquisition que fit en 1822 de la grande terre du Coude, paroisse de Loddes, le possesseur de l'ex-libris précédent. L'ex-libris ci-dessus est : *parti au 1 de Lelorgne, au 2 de gueules au sautoir d'argent (qui est de Sampigny)*. Il est l'œuvre de l'aquafortiste Martial qui illustra plus tard, avec beaucoup de talent, le livre d'Henri d'Ideville : *Les châteaux de mon enfance*.

(Collection René Chabot.)

(Cliché de la *Société des Collectionneurs d'ex-libris*.)

M. D.

L'ex-libris reproduit ci-dessus est celui d'Etienne DE CHAMPFLOUR, procureur général à la cour des aides de Clermont Ferrand de 1762 à 1774. Si les Champflour sont de race auvergnate, ils ont non seulement possédé assez largement en Bourbonnais, mais encore résidé pendant un demi-siècle chez nous, fournissant à notre chef-lieu un maire et à notre département un député.

Etienne de Champflour, seigneur de Jozerand, naquit le 26 avril 1714, de Jacques de Champflour, seigneur de l'Oradoux, et de Marie-Anne Vidal. En 1789, il assista à l'assemblée de la noblesse d'Auvergne pour la nomination des députés aux Etats généraux. Il mourut le 30 novembre 1797, ayant épousé, le 7 juin 1739, Marie-Louise de La Porte.

(Collection M. Dénier.)

M. D.

Guillaume-Marie DE CHAMPFLOUR, baron de la Roche d'Onnezat, né le 22 novembre 1764, de Jean-Baptiste-Gabriel de Champflour et de Marie-Antoinette Villot, d'abord garde du corps du roi Louis XVI, puis lieutenant-colonel de cavalerie, chevalier de Saint-Louis, du Lys et de la Légion d'honneur, émigra en 1791. Rentré en France dès 1800, il mourut à Clermont, le 5 janvier 1848, sans postérité.

Les Champflour portent : *d'azur à une étoile d'or accompagnée en chef d'un vol abaissé d'argent et en pointe d'un œillet du second émail, tigé et feuillé de sinople.*

(Collection M. Dénier.)

                M. D.

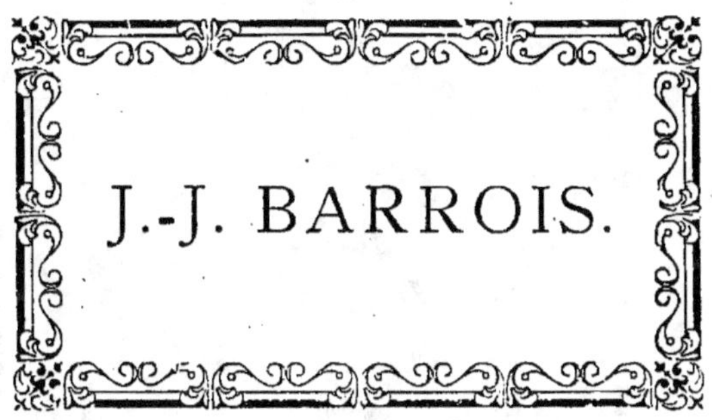

Jean-Jacques BARROIS, docteur en droit de la Faculté de Dijon, naquit à Pierrefitte le 5 mars 1769, de Pierre et de Pétronille Guinet de Villorbenne (1). Il épousa Thérèse Ribailler, nièce du célèbre abbé de ce nom.

La famille Barrois, qui posséda la Tesche, le Château et Grand-champ, portait : *de gueules, au chevron d'or, accompagné de trois palmes de sinople.* Elle a donné de nombreux procureurs du roi à la châtellenie des Basses-Marches et des officiers de justice à Pierrefitte-sur-Loire. Elle s'est éteinte dans la branche des Picard de Pierrefitte.

(Collection M. Dénier.)

M. D.

(1) Archives départementales, E suppl. 279 ; alias Gamet de Villerbaine, *Armorial du Bourbonnais.*

Cet ex-libris est aux armes des LONGUEIL (1), seigneurs en Bourbonnais de Saulzet, de Listenois et Beauvergier. Cette famille, d'après
Moreri, tire son nom du bourg de Longueil près de Dieppe. C'est de
1677 que date son premier établissement en Bourbonnais : Jean de
Longueil, conseiller du roi et commissaire aux requêtes du palais,
époux de Catherine de la Ville, acquit le 20 mai de cette même année
les fiefs de Beauvergier, Saulzet et Listenois, saisis sur Pierre de
Beauvergier-Montgon. Son petit-fils, Joseph-Gilbert, fit foi et hom-
mage pour ces trois seigneuries en 1722, comme héritier de son père
Jean-Gilbert. Il avait épousé par contrat du 10 août 1730 Anne Che-
varrier.

Les Longueil portent : *d'azur, à trois roses d'argent ; au chef d'or
chargé de trois roses de gueules.*

(Collection M. Dénier.)

                                                            M. D.

(1) Voir la notice consacrée à la famille de Longueil dans la Xe excursion
de la Société d'Emulation (seigneurie de Beauvergier).

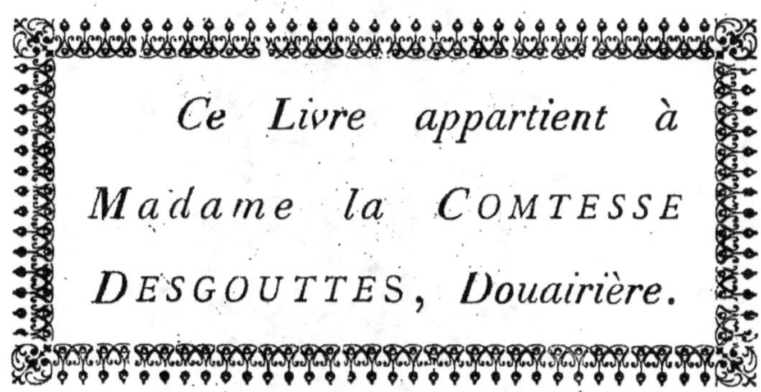

Anne-Françoise DE COUBLADOUX, veuve de Gaspard Le Long seigneur des Fougis, devint dame des Gouttes par son second mariage avec François de Charry, veuf de Jeanne du Buysson.

Elle appartenait à une famille originaire du Puy-en-Velay qui possédait, aux environs de Saint-Pourçain-sur-Sioule, le château de Briailles

Comme douairière des Gouttes dans la première moitié du XVIIIe siècle, après la mort de son fils Antoine, elle plaida longtemps contre sa belle-fille, Marie-Célenie Guillaud de la Motte, dame de Châtelperron, réclamant des droits et cens revendiqués au même titre par sa bru.

Nous possédons dans notre collection un super-libris de Jean-Antoine de Charry, marquis des Gouttes, chef d'escadre de Sa Majesté, qui épousa, le 5 avril 1747, Charlotte-Françoise de Menoux.

(Collection L. Grégoire.)

M. D.

Cet ex-libris anonyme est aux armes des PELLISSIER DE FÉLIGONDE qui portent : d'*azur au pélican d'or sur sa piété de gueule, au chef d'argent chargé de trois mouchetures d'hermines de sable.*

Michel PELLISSIER DE FÉLIGONDE, écuyer, seigneur de Saulce, Beaurepaire, le Chatelard, naquit le 8 février 1729 de Pierre et d'Anne le Court. Marié deux fois, il épousa en premières noces, le 13 mars 1750, Jeanne Carmantrand. Devenu veuf au bout de quelques mois, il prit de désespoir l'habit de Chartreux, mais ne tarda pas à rentrer dans le monde et épousa en secondes noces, le 24 avril 1754, Elisabeth-Jeanne-Catherine du Four de Villeneuve, fille de Jean-François, intendant de Bourgogne. Celle-ci lui survécut et mourut le 12 mars 1814, après avoir hérité en 1797 de son frère la terre de Villeneuve, qu'elle transmit à ses enfants.

Littérateur émérite, il était membre de l'académie de Dijon : il a laissé plusieurs mémoires historiques, non publiés, conservés à la bibliothèque de Clermont.

(Collection M. Dénier.)   M. D.

F. L. F. M.

RICHARD D'AUBIGNY.

La famille Richard d'Aubigny semble originaire de Lorraine et se fixa en Bourbonnais, au milieu du XIXᵉ siècle, à Aubigny et Gondailly.

L'ex-libris que nous reproduisons ci-dessus est celui d'un ancêtre d'Arthur-Louis-Henry RICHARD D'AUBIGNY, baron d'Uberherrn, né vers 1828 de Paul-Louis, baron d'Aubigny, et d'Armande Charpentier.

Il épousa Marie-Clotilde du Prat, fut longtemps maire de la commune d'Augy, camérier du pape Léon XIII, et mourut en son château d'Aubigny en novembre 1898.

Il fut parrain d'une cloche de l'église de Bourbon-l'Archambault ; son nom et ses armes y figurent ; ce fut lui qui fit exécuter les reliquaires destinés à contenir la sainte Epine et le fragment de la Vraie Croix de Bourbon.

Richard d'Aubigny porte : *Ecartelé aux 1 et 4 de gueules au lion d'or, au chevron d'argent brochant sur le tout chargé sur le montant dextre de trois étoiles de sinople et sur le montant senestre d'un rameau de même ; aux 2 et 3 tranché d'argent sur gueules à deux roses en barre de l'un en l'autre.*

(Collection Sèque.) M. D.

La famille des Ligneris est devenue bourbonnaise par le mariage du marquis des Ligneris, ancien page du roi Charles X, avec la fille de Charles Thourou de Bertinval de Bressolles et d'Anne Laurence d'Origny. C'est à ce titre que l'ex-libris ci-dessus doit trouver place dans notre travail ; son possesseur Louis-François DES LIGNERIS, seigneur de Méréglise, dont la terre fut érigée en marquisat en 1776, est l'auteur de la branche actuellement possessionnée à Bressolles. Il fut le chef de nom et d'armes de la famille.

La marquise douairière des Ligneris, née Jeanne Freteau de Pény, fille du baron Heracle-René-Jean-Baptiste-Emmanuel, ancien référendaire à la cour des comptes, épousa le 12 octobre 1874, Charles-Nicolas-Marie-Anne-Théodore des Ligneris, lieutenant au 12e dragons, récemment décédé, chef d'escadrons de cavalerie territoriale, chevalier de la Légion d'honneur.

Des Ligneris portent : *de gueules fretté d'argent au franc quartier d'or chargé d'un lion de sable.*

(Collection Louis Grégoire.)   M. D.

Pierre BERAUD DES RONDARDS appartenait à une famille de haute et ancienne bourgeoisie, sortie du lieu dit Beraud, paroisse de Couleuvre, et dont la filiation s'établit depuis le milieu du XVIe siècle. Né à Moulins le 1er avril 1783, du mariage de Sébastien Beraud, sieur des Rondards, des Guilleminots (Marigny), etc., avocat du roi au présidial de Moulins, et de Marguerite Perrotin de Chevagnes, Pierre Beraud fut baptisé le lendemain en l'église Saint-Pierre-des-Ménestraux. Pierre Beraud fut, en 1815, l'un des commissaires chargés de porter au roi l'adresse de fidélité votée par le collège électoral de l'Allier. Adjoint au maire de Moulins en 1816, puis conseiller de préfecture, il fut de 1824 à 1830 député du département, chevalier de la Légion d'honneur. Après la Révolution de juillet, Pierre Beraud rentra dans la vie privée, consacrant ses loisirs à l'histoire et aux belles lettres. On lui doit des *Mémoires*, un recueil de *Fables* et une *Histoire des sires et ducs de Bourbon*. Il mourut à Moulins, le 7 septembre 1850, en son hôtel rue de l'Ancien-marché-au-bled.

En 1811, il avait épousé Marie-Aglaé Fouquet ou Fouquet de Pontcharraud, fille de Louis-Antoine, ancien trésorier de France, député du Cher, président du tribunal civil de Saint-Amand, et de Françoise-Elisabeth Bouchet.

Armes des Beraud : *d'argent, à une main de carnation, parée d'azur mouvant du flanc senestre de l'écu, tenant une branche d'olivier de sinople, soutenue d'un cœur enflammé de gueules et adextrée d'une étoile d'azur.*

(Collection de M. Dénier.)

Philippe TIERSONNIER.

Cet ex-libris typographique doit être celui de Joseph-Alexandre
Dubouys, né à Ygrande le 9 septembre 1773, fils de Claude, seigneur
de Vallière, ancien receveur général des consignations en la sénéchaussée de Bourbonnais, et de Marie Dubouys.

Il épousa à Ygrande, le 29 octobre 1792, Procule Delan, fille de feu
Louis, chirurgien major au régiment de Toul-artillerie, et de Marie
Dubouÿs.

Une autre alliance entre ces deux familles nous est encore connue,
c'est celle de Marie Dubouys, fille de Jean, bourgeois de Gipcy, et de
Marguerite Dubouys avec Philibert Delan, fils de Jean-Baptiste
Delan, notaire royal.

(Collection M. Dénier.)

M. D.

CHATEAU DE VEAUCE
N°

Charles-Eugène DE CADIER, chevalier, baron de Veauce, né à Paris,
le 1er janvier 1820, de Marie-Amable, épousa en Angleterre Isabelle
de Perceval.

Nommé représentant de l'Allier au congrès central d'agriculture
de Paris, il établit dans sa terre de Veauce un haras de chevaux pur
sang, fonda une société de courses ; élu député au Corps législatif
après le coup d'Etat du 2 décembre 1851, membre du conseil général
de l'Allier (1852) ; réélu député en 1857, 1863, 1869, il s'acquit l'estime
de ses collègues et de ses électeurs, par ses travaux consacrés à l'amé-
lioration de la propriété foncière et au bien-être des classes des cam-
pagnes.

Devenu veuf en janvier 1864, le baron de Veauce épousa, le 2 juin
1865, demoiselle de Wykerslooth de Weedesteyn, fille du baron,
chambellan du roi de Hollande, et de Charlotte-Joséphine, princesse
de la Trémoille.

Officier de la Légion d'honneur, Charles-Eugène de Cadier mourut
à Paris en 1884.

Les Cadier portent : *d'azur, au rencontre de cerf d'or ; de Veauce :
de gueules, semé de fleurs de lys d'argent.*

(Collection M. Dénier.)

                                                M. D.

François Joseph MÉNAGE DE MONDÉSIR, écuyer, secrétaire du roi, seigneur de la Chapelle-sous-Creux en Brie, originaire du Maine, épousa en secondes noces une Bourbonnaise, Elisabeth-Aimée Revanger, fille de Nicolas-Joseph Revanger de Bompré et d'Henriette Héron. Le 22 mai 1751, il se rendit acquéreur du château de Bressolles ; en 1754, il fut parrain d'une cloche de l'église et, l'année suivante, il fit bénir la chapelle Sainte-Catherine, particulièrement affectée aux seigneurs de la baronnie de Bressolles.

En 1748, sa fille du premier lit, Anne-Gabrielle-Flore, née en 1729, épousa Charles-Simon Millet, receveur général des finances de la généralité de Moulins, fils de Charles-François, aussi receveur général des finances du Bourbonnais, et de Anne Le Tixier de Menetou.

François-Joseph Ménage, baron de Bressolles, mourut en 1783, laissant de son second lit un fils, François-Camille, lieutenant aux dragons de Conti.

Ménage de Mondésir porte : *d'azur au chevron d'or, accompagné en chef de deux croissants d'argent et en pointe d'une tour du second émail.*

(Collection M. Dénier.)   M. D.

Charles-Philippe-Albert DE BURE, descendant d'une vieille famille de libraires parisiens, naquit à Paris, le 25 juin 1822, de Paul-Marie-Guillaume et d'Eléonore Lestourgie. Il fut le premier de son nom qui vint s'établir à Moulins, à la suite de son envoi comme conseiller de préfecture en 1850. Le charme du pays le conquit, il donna sa démission en 1853 et s'installa définitivement dans notre province. Il fut successivement adjoint au maire de Moulins, conservateur de la bibliothèque municipale jusqu'en 1877, membre de la commission des hospices, président de la Société d'Emulation du Bourbonnais.

Il mourut à Moulins le 27 décembre 1904.

Il avait épousé à Paris, en 1845, Virginie Bellaigue, dont il eut deux enfants.

De Bure porte : *d'azur à trois fasces d'argent.*

(Collection M. Dénier.)

M. D.

Cet ex-libris (d'après un ancien cuivre) est actuellement employé par notre confrère Georges Pégat pour sa riche bibliothèque du château de la Croix-de-l'Orme (commune de Billy).

Notre confrère est devenu bourbonnais par suite de son mariage avec Mlle Adeline de La Rochette. La famille Pégat ou de Pégat, originaire de Montignac en Bas-Languedoc, fut anoblie en 1655 en la personne de Jacques de Pégat (1) et depuis a donné de nombreux magistrats ou officiers de finances. Elle figure sur l'*Armorial* de Rietstap (tome II) et l'on compte un Pégat sur la liste des consuls de Montpellier.

Le père de M. G. Pégat, décédé en 1879, fut président à la Cour d'appel de Montpellier et notre confrère, magistrat lui-même, démissionna en 1880.

Les Pégat portent : *d'or à la fasce de gueules chargée de trois molettes de sable et accompagnée de trois aigles éployées de même, deux en chef et une en pointe.* L'écu, soutenu par deux Pégases, est timbré d'une couronne de comte.

(Collection M. Dénier.)

G. M.

(1) Archives de l'Hérault.

Cet ex-libris typographique est celui de Claude-Antoine THONIER DE VILLIERS DE MONTBILLON (1), fils de Gilbert, sʳ de Villiers, et de Marie-Jeanne Foucault. Il naquit à Beaucolray, paroisse de Rocles, le 23 mai 1767. Officier de santé à Saint-Sornin, il mourut le 1ᵉʳ février 1854. Il avait épousé à Montmarault, le 17 nivôse an III (6 janvier 1795), Marie-Anne Michelon, fille de Gilbert, député de l'Assemblée nationale, et de Marguerite Guy.

De son mariage, il n'eut qu'une fille unique, Eugénie, qui épousa Charles-Eloi Desmercières, conservateur des forêts, et mourut à Moulins, en 1886, âgée de 89 ans.

(Collection M. Dénier.)

M. D.

(1) Ainsi dénommé dans un acte de parrainage du 31 mars 1788 à Saint-Sornin. (Archives de l'Allier, E. suppl. 556.)

TABLE DES EX-LIBRIS

CITÉS DANS CET OUVRAGE

Moulins

Imprimerie Et. Auclaire

www.ingramcontent.com/pod-product-compliance
Lightning Source LLC
LaVergne TN
LVHW010329030726
842520LV00004B/1348